Martina Kern

das UNWAHRE ICH

... was du wirklich bist
und wie deine welt entsteht

1. Auflage 2018

Herausgeber: tao.de

Autor: Kern, Martina

Umschlaggestaltung, Illustration: tao.de

Herstellung: tredition GmbH, Halenreie 40-44, 22359 Hamburg

Verlag: tao.de in Kamphausen Media GmbH, Bielefeld

www.tao.de, eMail: info@tao.de

Bibliografische Information der Deutschen Nationalbibliothek: Die Deutsche Nationalbibliothek verzeichnet diese Publikation in der Deutschen Nationalbibliografie; detaillierte bibliografische Daten sind im Internet über http://dnb.d-nb.de abrufbar.

ISBN 978-3-96240-435-2 (Paperback)
ISBN 978-3-96240-436-9 (Hardcover)
ISBN 978-3-96240-437-6 (e-Book)

inhaltsverzeichnis

intro

Hast du dich schon einmal gefragt, wie dieser ICH-Komplex, der deinen Namen trägt, eigentlich funktioniert? Glaubst du, dass dieses ICH die absolute Kontrolle hat oder hast du schon einmal die Erfahrung gemacht, dass etwas nicht geht oder du etwas getan hast, was du eigentlich gar nicht tun wolltest?

Dieses Buch gibt dir Aufschluss darüber, wie dieses ICH, das du glaubst zu sein, funktioniert und organisiert ist. Du wirst erkennen, dass fast alles, was du tust, automatisch abläuft und du wirst gleichfalls feststellen, dass alles, was in deinem Leben geschieht, aus dir heraus entsteht - ja, auch das was dir nicht gefällt.

Wenn du diesen Hinweisen, die dieses kleine Buch dir gibt, tatsächlich ernsthaft nachgehst und die Wahrheit, die sich daraus ergibt, zutiefst verinnerlichst, wirst du nie mehr das sein, was du zuvor gewesen bist. Wenn Wahrheit sich zeigt und Bewusstheit reift, geschieht Selbsterkenntnis, die das mit sich bringt, nach dem du dich zeitlebens sehnst ... .

Das Buch richtet sich an das UNWAHRE ICH, also an den Komplex, der darin beschrieben wird. Insofern wird da ein Jemand angesprochen, der sich als getrennt von allem fühlt, der glaubt, nur eine Einzelperson zu sein ... du.

Wenn BewusstSEIN zur BewusstHEIT führt, wirst du dich am Ende nicht mehr angesprochen fühlen, weil Wahrheit transformiert. Dazu brauchst du nur offen zu sein und in dich hinein zu horchen: Wo ist das WAHRE ICH, das du wirklich bist?

trennung

Des Menschen Leben beginnt mit einer illusionären Trennung von der Ganzheit, die u.a. den Namen Gott, Jahwe, Schöpfer, Allah, Manitu oder Brahman trägt. Jede Religion hat in irgendeiner Form das Konzept von einem getrennten Gott und kann deshalb nicht wahr sein; denn wäre die Ganzheit tatsächlich getrennt, könnte sie keine Ganzheit mehr sein. Nichts ist von irgendetwas getrennt, alles ist eins, das EINE das kein Zweites kennt. Alles hängt zusammen, alles ist miteinander verbunden und voneinander abhängig. Wenn du mit deinen menschlichen Sinnen schaust, siehst du eine phänomenale Welt, in der nichts ohne das andere existieren kann.

Die hier beschriebenen Ideen fußen auf einer Weisheit, die als Basis allen Lebens, aller Phänomene, nur dieses EINE kennt. Es wird „Advaita" genannt - Nicht-Zweiheit. Das bedeutet, dass es in Wirklichkeit weder einen Gott gibt, noch einen Menschen oder andere Lebewesen und Phänomene, die getrennt voneinander sind. Es ist auch nicht so, dass alles nur aus diesem EINEN entsteht und besteht, sondern alles *ist* dieses EINE, weil es nichts anderes, als dieses EINE gibt.

Du bist also aus der Ganzheit entstanden, du bestehst aus Ganzheit und du bist Ganzheit – du weißt es nur nicht, weil du dich durch eintretendes oder entstandenes Bewusstsein als Einzelwesen identifizierst und dich damit von der Ganzheit zu trennen scheinst.

Die Ganzheit ist einfach nur ICH, während der identifizierte Teil ICH BIN (ist). Das SEIN impliziert eine Erfahrung von Leben, die nur als ICH BIN, also als Mensch, möglich ist, während das ICH „darin verborgen ist", quasi nur wahrnimmt oder zuschaut und gleichfalls den Hintergrund allen Geschehens bildet.

Jeder Versuch, diese Ganzheit zu beschreiben, kann immer nur Theorie sein, weil die Wahrheit nicht begriffen werden kann und deine Vorstellung übersteigt. Dein Verstand kann lediglich Wissen erforschen und Konzepte erschaffen, mit denen du im Alltag funktionierst. Doch Wahrheit kann er nicht erfassen. Sie ist nur durch Gewahrsein zu erspüren, das sich unabhängig bzw. „außerhalb" der Sinneswahrnehmung befindet.

Die Ganzheit, völlig unreligiös und neutral verstanden, ist Potential, reines Potential, das durch Bewusstsein zur Entfaltung kommt. Manche Theorien bezeichnen sie auch als Energie, Kraft, Macht, Licht oder Liebe. Es ist egal, wie du es nennst – es ist das, was du bist.

Das Potential als solches ist „Nichts", das heißt es ist kein Objekt; da ist weder Wollen noch Absicht. Es fühlt sich passiv und „schlafend" an. Doch durch Gewahrsein wird das Nichts zur Bewegung, die sich in dir als Mensch in Form von Bewusstsein/Wahrnehmung ausdrückt. Das Gleiche findest du in deinem Schlaf-/Wachrhythmus wieder. Wenn du schläfst, geschieht nichts und wenn Bewusstsein in dir erwacht, wirst du zum Schöpfer deines Lebens.

Das Große ist also im Kleinen verborgen und identifiziert sich durch Bewusstsein mit dem entsprechenden Organismus – egal ob Mensch, Tier, Pflanze, Mineral, Stern usw. Durch diese Identifizierung findet Trennung statt und die Ganzheit kann sich nicht (mehr) daran erinnern, dass sie quasi ihr eigenes Geschöpf ist.

Jede Schöpfung geschieht also aus der Ganzheit heraus und geht zuerst über in eine völlige Unbewusstheit, mit der du dein neues Leben als Mensch beginnst. Indem man dir fortwährend deinen Namen souffliert, bringt man dir bei, dass du ein Einzelwesen bist, ein ICH BIN, das sich durch dieses Leben kämpfen muss. Ein ICH BIN, das von anderen verschieden und entweder besser oder schlechter ist.

Die menschliche Konditionierung vertreibt die letzten Erinnerungen an das Paradies der Ganzheit und das Drama nimmt seinen Lauf.

identifikation

Die Vertreibung Adams und Evas aus dem Paradies beschreibt den Trennungsgedanken, die „Abkehr aus der Ganzheit". Durch die „Frucht vom Baum der Erkenntnis" setzt Bewusstsein sein, was bedeutet, dass sich das Paar nicht mehr als eins mit/in allem sieht, sondern als Einzelwesen in verschiedenen Körpern getrennt voneinander.

Identifikation entsteht also durch Bewusstsein, weil durch und mit dem Bewusstsein das Ich-Gefühl entsteht bzw. Bewusstsein *ist* das Ich-Gefühl, die Wahrnehmung eines Selbst, das ein einzelnes Leben *hat*.

Bewusstsein ist all das, was jeden Tag in dir stattfindet: Deine Gedanken und Emotionen, deine Vorstellungen, Wünsche und Ideen, dein Charakter, der sich aus deiner Konditionierung formt und dein daraus folgendes Verhalten und Handeln. Wenn du so willst, kannst du sagen, dass der gesamte ICH-Komplex das interagierende Bewusstsein ist.

Das scheinbar getrennte Bewusstsein, das durch Manifestation entstanden ist, identifiziert sich also mit allen Ebenen des menschlichen Seins, wobei es im unbewussten Zustand seinen Blick eher auf das „Haben“ als auf das „Sein“ richtet. Solange keine Selbsterkenntnis stattgefunden hat, glaubst du also, ein Leben zu haben, anstatt es zu sein. Alles was dich ausmacht, scheinst du zu „besitzen“. Und weil du Dinge hast, die du nicht verlieren möchtest, musst du Kontrolle ausüben, denn das als ICH BIN personifizierte Bewusstsein ist der festen Überzeugung, alles selbst in der Hand zu haben.

So glaubst du über deinen Körper bestimmen zu können. Er gehört ja dir, also kannst du mit ihm machen was du willst. Du meinst, wenn du dich nur gesund genug ernährst, Sport betreibst und neuerdings auf eine ausgewogene work-life-balance achtest, hättest du dein Leben im Griff.

Oberflächlich betrachtet könnte das zutreffen, doch wenn du genauer hin schaust, wirst du erkennen, dass du als UNWAHRES ICH schlussendlich überhaupt nichts in der Hand hast. Und ich meine nicht die letztendliche und von allen gerne verschwiegene Tatsache, dass das Leben endlich ist und dass du sterben wirst; und dass das geschehen wird, ohne dass du das je wirklich hinauszögern oder gar verhindern könntest. Du kannst den Tod vielleicht forcieren, wenn du unbedingt beweisen möchtest, dass du seinen Zeitpunkt sehr wohl selbst bestimmen kannst. Aber das ist nur dann möglich, wenn der Suizid-Gedanke überhaupt als Lösung in deinem Verstand auftaucht.

Um wirklich erfahren zu können was du bist, muss BewusstHEIT in dir entstehen, die vom BewusstSEIN zu unterscheiden ist. Während Bewusstsein als „funktionales Instrument" des WAHREN ICH verstanden werden kann, bedeutet BewusstHEIT das Ergebnis dessen, was das Bewusstsein bestenfalls hervorbringen soll, nämlich Wahrheit ergo Selbsterkenntnis. BewusstHEIT entsteht, indem du deinen ICH-Komplex hinterfragst und durchleuchtest. Nur so kann das WAHRE ICH zum Vorschein kommen.

Hast du dich schon einmal gefragt, was dich atmen lässt? Glaubst du, dein Gehirn ist die perfekte Zentrale deines Lebens? Warum entstehen dann Krankheiten? Weshalb versagen Organe? Warum kann der körperliche Verfall nicht wirklich gestoppt werden? Gibt das Gehirn dem Herzen den Befehl zu schlagen bzw. damit aufzuhören? Wissen wir *wirklich,* zu was das Gehirn fähig ist und welche Funktion es *tatsächlich* hat oder existieren eigentlich nur Thesen und Vermutungen darüber?

Wenn du dir alle Fragen, die du dahingehend stellen kannst, wirklich ehrlich beantwortest, kannst du nur zu dem Schluss kommen, dass das Gehirn nicht die allmächtige Zentrale sein kann. Das bedeutet, dass es nichts gibt, was du schlussendlich wirklich und wahrhaftig beeinflussen kannst, weil das UNWAHRE ICH in letzter Konsequenz machtlos ist.

Alles am Menschen ist nicht nur begrenzt, sondern auch voneinander abhängig. Du funktionierst weder autark, noch bist du wirklich frei. Oberflächlich scheint es zwar so zu sein, aber so ist es in Wahrheit nicht. Am einfachsten auf den Punkt ausgedrückt hat dies Arthur Schopenhauer ungefähr so:

„Der Mensch kann zwar tun was er will, aber er kann nicht wollen was er will.“

Denn wenn du tatsächlich wollen könntest was du willst, dann wäre ja alles perfekt in deinem Leben. Aber die Realität ist, dass du nur das tun kannst, was dir als Gedanke, Idee, Vorstellung etc. „erscheint“. Dem zugrunde liegt die Identifikation des WAHREN ICH mit dem menschlichen Organismus (Bewusstsein), das in Form von DNA und Konditionierung diese scheinbaren Grenzen aufweist.

Gedanken sind grundsätzlich frei und gehören dir nicht. Sie tauchen auf und gehen wieder, ohne dass du sie wirklich stoppen könntest. Das Bewusstsein wählt die Gedanken aus, die seiner Konditionierung entsprechen; von einigen fühlt es sich angezogen, bei anderen entsteht Abneigung.

Ebenso verhält es sich mit deinen Emotionen, denn diese entstehen nicht einfach so aus sich heraus, sondern in Koppelung an deine Gedanken. Das was du denkst bringst du auch emotional zu Ausdruck. Beides ist miteinander verbunden und entstammt dem rationalen Teil des Bewusstseins, also dem Verstand.

Die Gefühle hingegen erscheinen oft als etwas nicht Greifbares oder nicht wirklich Nennbares. Sie sind meist nicht zu erklären, zumindest nicht rational. Und dafür gibt es einen einfachen Grund: Sie entstammen nicht dem UNWAHREN ICH, sind kein Produkt des Bewusstseins und brauchen keine Sinne, sondern können als „Sprache" des WAHREN ICH verstanden werden. Gefühle weisen immer auf Wahrheit hin und machen damit Unwahrheit offensichtlich bzw. decken sie auf. Sie dienen also in entscheidender Weise der Selbsterkenntnis.

Dein Tun und Handeln wiederum basiert ebenfalls auf deinen Gedanken, denn das was du denkst fliest in deine Vorstellung und aus der Vorstellung wird Realität. Alles was du in deinem Leben erschaffst, wird nämlich grundsätzlich zuerst in deiner Vorstellung kreiert und danach erst manifestiert. So funktioniert „Schöpfung", die jeden Tag geschieht. Es mag Leute geben, die krankhaft an ihren Illusionen festhalten und nie zur Umsetzung gelangen. Das sind dann die Träumer unter den Träumenden, Menschen, die sich dem Leben verweigern.

Du kennst vielleicht den Satz „Du bist was du denkst" – er ist absolut stimmig, denn dein Denken zeigt deine Beweggründe und Motivationen. Wenn du ehrlich bist und das lebst, was deinen Gedanken entspricht, bist du automatisch authentisch. Wenn du deine wahren Gedanken verschleierst, bist du automatisch manipulativ. Nicht kongruent zu sein, erschafft Disharmonie und macht auf Dauer krank – und es gibt dabei keinen Unterschied, ob du deine Manipulation gegen andere oder dich selbst richtest.

Das was du in deinem Leben kreierst und umsetzt, zeigt dein Talent, dein Können, deine Leistung. Sie wird automatisch von dir gemessen und du identifizierst dich mit ihr bzw. du *bist* das was du kannst und zum Ausdruck bringst. Und das bezieht sich auf alle Wirkungsbereiche wie Beruf, sozialer Status, Stellung in der Familie, Partnerschaft, also auf deinen gesamten Lebensraum und schließt natürlich auch dein Hab und Gut ein. Mit all dem bist du identifiziert bzw. all das *ist* das UNWAHRE ICH. Ist dir in irgendeiner dieser Bereiche dein Output nicht genug, entsteht eine Selbstwertkrise bzw. Depression, die oft von Ängsten begleitet ist.

Aber du bist nicht nur mit dem identifiziert, was sich gerade bei dir tut, sondern auch mit dem, was in der Vergangenheit geschah. Das Bewusstsein hat nicht nur jedes Erlebnis, sondern auch sämtliche Gedanken und Emotionen dazu gespeichert. Du hast also nicht nur dieses Leben, sondern du *bist* es scheinbar auch. Die Person, das UNWAHRE ICH ist das, was geschehen ist, gerade geschieht und geschehen wird!

Sobald die Erinnerung in Form von Gedanken einsetzt, entstehen Emotionen und du fühlst dich entweder gut oder schlecht, je nachdem, wie du die Erinnerung bewertest. Genau so funktioniert das auch mit der Zukunft: Indem du voraus schaust und dir vorstellst was kommen könnte, entsteht Freude oder

Angst und diese Emotionen scheinen real für dich zu sein, weil du dich mit ihnen identifizierst.

Somit können wir klar erkennen, dass das UN-WAHRE ICH innerhalb einer Realität (Zeit) lebt, die scheinbar Geschehenes wieder lebendig macht und noch nicht Geschehenes antizipieren kann, obwohl beides eine Illusion ist.

egozentrik

So wie die Identifikation eine natürliche Folge der Trennung ist, so entsteht die Egozentrik aus der Identifikation heraus. Wenn du davon überzeugt bist, ein von allem getrennter Organismus zu sein, ist die Entstehung eines Schutzmechanismus eine logische Konsequenz. Dieser „Beschützerinstinkt" schließt alles ein, was dich ausmacht, also deine vollständige Identifikation mit Materie und Geist.

Alles was deine Person und deinen Lebensraum betrifft wird eifersüchtig überwacht und kontrolliert. Als Mittelpunkt der Welt wird von dir alles was dir darin begegnet danach eingeordnet, ob du es magst oder nicht. Zuneigung und Abneigung, Gut und Schlecht, kommunizieren mit der Polarität des Universums. Das was dir nicht ähnlich ist, wird zum natürlichen Feind erklärt und muss bekämpft werden, weil es die Richtigkeit deiner „Person" in Frage stellt und damit eine Bedrohung ist. Eine „äußere Welt" entsteht, auf die du Verantwortung und Schuld projizieren kannst.

Als egozentrisches ICH betrachtest du alles, was du von dir als getrennt siehst, als Objekt. Dabei gehört neben dem was du betrachten kannst auch das, was nicht über dein Auge gesehen werden kann, also alles Immaterielle und Ideelle. Da die Egozentrik alles auf sich bezieht, will sie auch alles haben was sie sieht. Das betrifft materielle Güter genauso wie einen Status oder geistige Errungenschaften.

Alles will gewollt und gebraucht sein und darf nicht anderen überlassen werden. Großzügigkeit existiert nur innerhalb des egozentrischen Mittelpunkts; nach außen gezeigt wird sie manipulativ genutzt - von Mitgefühl ist keine Spur. So kann die Egozentrik nur das Gegenteil von Liebe sein, weshalb sie auch keine erfahren oder geben, geschweige denn schenken kann.

Das UNWAHRE ICH merkt nicht, dass es sich vor allem mental immer mehr eingrenzt. Und selbst wenn es das bemerken würde, wäre es ihm egal, weil es außerordentlich von sich und seinen Machenschaften überzeugt ist. Im Gegenteil - es muss seine Welt zentrisch klein halten, damit es den Überblick nicht verliert und die Kontrolle behalten kann.

Geschehen jedoch Dinge, die seinen Kontrollrahmen sprengen, entsteht automatisch Angst, weil das UNWAHRE ICH mit seiner Grenze und damit seiner eigentlichen Machtlosigkeit konfrontiert wird. Deshalb hat das UNWAHRE ICH so viel Angst vor der Angst, weil Angst zur Wahrheit zwingt. Diese Wahrheit, die das UNWAHRE ICH zu verschleiern versucht, wird permanent in das „Verlies" des Unterbewusstseins verschoben, in dem sie so lange ihr Schattendasein fristet, bis eine Krise zur Reflektion zwingt.

Das ist der Moment, in dem das UNWAHRE ICH WAHR werden kann, wenn es diese Chance erkennt und ergreift. Doch oft reicht leider eine einzige Krise nicht aus, damit der Mensch sich mit den Schatten seiner UNWAHREN Persona auseinandersetzt.

Um an Macht zu gewinnen, sucht sich das UNWAHRE ICH andere ICHs, die ihm ähnlich sind und seine Meinung unterstützen. Gruppen bilden sich, um Andersdenkende leichter überzeugen bzw. manipulieren oder ausgrenzen zu können. Die einflussreichsten Gruppen findest du in Politik, Wissenschaft, Religion und immer mehr natürlich in den Medien und Netzwerken.

orientierung

Alles was das UNWAHRE ICH tut dient seiner Selbsterhaltung. Die Tatsache jedoch, dass sein Leben endlich ist, wird ebenso ins Unterbewusstsein verbannt wie alles andere, was ihm an sich selbst unangenehm sein könnte. Das UNWAHRE ICH will immer das Größte sein und das in allen Lebensbereichen. Niederlagen und negative Eigenschaften werden entweder negiert oder zum Lebensmittelpunkt gemacht, je nachdem aus welcher Überzeugung heraus das UNWAHRE ICH seine Größe erschafft. Hat es die Tendenz zur Hybris, wird es sich als den erfolgreichsten Erfolg sehen; tendiert es eher in die gegensätzliche Richtung, so wird es sich als die mieseste Depression schlechthin betrachten, die die Welt jemals gesehen hat.

Das Leben des UNWAHREN ICH ist vorwärts gerichtet, also gen Zukunft. Die Vergangenheit ist als Gedankengut in Form von Erinnerung abrufbar und wird im positiven Fall als Erfahrungsschatz betrachtet, der die Entwicklung des Individuums unterstützt bzw. möglich macht.

Die (äußere) menschliche Reifung bezieht sich auf Entwicklung und Fortschritt. Es ist ein ständiges Weitergehen nach vorne, ohne jemals ein Ende zu finden. Dabei ist das UNWAHRE ICH hauptsächlich auf das Haben ausgerichtet, weshalb sich sein gesamtes Wirken in dieser Welt vornehmlich auf seine Errungenschaften fokussiert. Da geht es um das möglichst höchste Erklimmen der beruflichen Karriereleiter, um das Erzielen wichtigsten Ansehens, um das tollste Haus, die schönste Frau, den einflussreichsten Mann, die begabtesten Kinder und natürlich um das teuerste Auto.

Ein Teil der UNWAHREN ICHs, die sich dieser Ausrichtung des Haben-Müssens scheinbar entziehen, leben im Künstlerbereich. Dort hegen sie die unterdrückte Hoffnung, sich einen möglichst legendären oder „teuren" Namen machen zu können oder wenn dies nicht gelingt, sich als eine von üblichen Konventionen befreite Persönlichkeit zu inszenieren.

Auch die Menschen, die sich selbstlos zeigen, können zutiefst UNWAHR sein, wenn sie ihre Selbstlosigkeit nicht wirklich ohne jegliche Erwartung an ein Danke leben. Der Wunsch nach entsprechender Aufmerksamkeit im sozialen Engagement ist ebenso Haben-Wollen wie das Verlangen nach Anerkennung in wirtschaftlichen Bereichen. Soziales Engagement ist also nicht immer zwecklos, vor allen Dingen dann nicht, wenn es nicht anonym geschieht.

Andere wiederum überlassen sich einer der Welt den Rücken kehrenden (religiösen) Vergeistigung und die, die keine Lösung für ihre selbst bewertete Erfolglosigkeit gefunden haben, tauchen ab in eine Depression, die sie vom Druck erfolgreich sein zu müssen frei spricht. Die 0,05% der eher unbekannten ICHs, die in dieser Welt Wahrheit leben, seien an dieser Stelle als die bezeichnet, die weder wichtig sind, noch etwas haben müssen, noch eine Ausrichtung kennen.

Steht dem UNWAHREN ICH der Sinn nicht nach der Anhäufung von Äußerlichkeiten, erschafft es sich einen anderen. Grundsätzlich steht es dir frei, dein Leben nach deinen Möglichkeiten zu gestalten und dir entsprechende Ziele zu setzen. Weil du glaubst, dass dazu Zeit notwendig ist, erschaffst du eine Zukunft, die es rein faktisch nicht gibt (genauso wenig wie die Vergangenheit). Da Ziele immer etwas wollen was noch nicht ist, muss aber die Möglichkeit des „Noch-Nicht" geschaffen werden, um auf das fiktive Ziel hinarbeiten zu können. Das ist als solches nichts Schlechtes oder Verkehrtes, weil der Mensch immer irgendwie am Tun und Machen ist. Indem du dich jedoch auf etwas ausrichtest, das nur rein ideell in deiner Vorstellung existiert, lenkst du dich von dem Schritt ab, den du gerade tust, nämlich immer diesen einen in der Gegenwart.

Für deine menschliche Reifung ist Zeit nicht notwendig, weil alles sowieso immer gerade *jetzt* geschieht, in diesem Moment und niemals zu einem anderen Zeitpunkt, weil es ihn nicht gibt. Die Zukunft ist eine reine Antizipation und hat keinerlei tatsächliche Existenz. Sie ist nicht mehr als ein Gedanke, wie eben die Vergangenheit auch. Das UNWAHRE ICH negiert diese Tatsache, weil es ohne Zeit gezwungen wäre, das zu nehmen, was gerade ist. Doch das was gerade ist, ist dem UNWAHREN ICH nie (gut) genug. Es kennt keine Zufriedenheit, denn die Suche nach dem „Immer-Besser" ist sein Antrieb.

Doch kein Ziel, kein Erfolg der Welt machen aus dem UNWAHREN ICH etwas anderes als UNWAHRHEIT. Das UNWAHRE ICH kann niemals durch äußere Prozesse WAHR werden, weil die WAHRHEIT kein Objekt ist und weil es keine Zukunft gibt, in der jemals etwas erreicht werden könnte.

Die Orientierung „nach vorne", was gleichbedeutend ist mit „immer mehr" hält dich in der Illusion, dass das Glück „weiter vorne" liegt und zwar immer wieder neu nach jedem Erfolgserlebnis. Dem zugrunde liegt die Überzeugung, dass das „perfekte Leben" noch nicht erreicht sein kann, weil noch nicht genug dafür getan wurde. In Wahrheit gibt es aber nichts zu tun, außer das zu leben, was *jetzt* ist und erst wenn das UNWAHRE ICH das *wirklich* erkannt und sich dieser Tatsache absolut ergeben hat, kann es WAHR sein.

Aus dem Hamsterrad der Zukunft auszusteigen und in der Gegenwart zu leben, ist tatsächlich die Voraussetzung und damit einzige Möglichkeit, Vollkommenheit wahrnehmen zu können, was bedeutet angstfrei zu sein, weil es ein Scheitern nicht mehr geben kann.

funktion

In seiner Ausrichtung auf Mehr-Haben, Mehr-Wollen, Erfolg, Verbesserung bzw. Überschreitung und Wichtig-Sein, liegt dem UNWAHREN ICH das Vergleichen und Bewerten im Blut. Es kann gar nicht anders, als sich ständig mit seinem Umfeld zu messen. Es ist sein Antrieb, sein Lebenselixier; und da es nichts anderes tut, ist es das, was es im Grunde ist. Das UNWAHRE ICH ist also nichts anderes, als ein ständiger und selbsttätiger Abgleich, der zu einer Wertung führt: dem Selbstwert.

Dem UNWAHREN ICH ist dieser Automatismus nicht bewusst oder besser gesagt, es projiziert ihn nach außen und macht so die anderen für den eigenen „Lebenswert" verantwortlich. Das scheinbare instabile Selbstwertgefühl, das die Praxen der Psychotherapeuten füllt, ist jedoch nichts Äußerem zuzuschreiben, weil niemand für das miese Selbstwertgefühl eines anderen zuständig sein kann.

Es gibt ganz sicher sehr viele leidende UNWAHRE ICHs, die mit großer Wahrscheinlichkeit niemals die Chance auf ein gutes Lebensgefühl haben werden, weil sie ihre Konditionierung weder durchschauen, geschweige denn durchbrechen können. Das sind die Menschen, die ihr Leben lang unbewusst bleiben und damit die, die am meisten zu bedauern sind, weil sie niemals erkennen können, dass es den Selbstwert, die scheinbare Ursache für ihr Unwohlsein, eigentlich gar nicht gibt.

Tatsächlich ist er eine Erfindung, ein Gedankenkonzept, eine Theorie, die man dir beigebracht hat, wie alles andere auch. Wozu ist es entstanden und was ist sein Zweck? Was will das UNWAHRE ICH mit dem Selbstwertkonzept erreichen?

Es will in erster Linie eines: es will wichtig sein, es will etwas Besonderes sein und das permanent. Dabei macht es keinen Unterschied, ob das ins Positive oder Negative abzielt – ungefähr wie „Hauptsache es geht mir am besten oder am schlechtesten von allen". Diesem Gedanken auf dem Fuße folgt die Belohnung, die entweder seine Mühen oder Vergeblichkeiten ausgleichen muss. Es ist sehr wahrscheinlich, dass die Aussicht auf Belohnung keinen unerheblichen Anteil daran trägt, dass sich das Selbstwertkonzept so vehement verteidigt und aufrechterhält.

Durch den Vergleich markiert das UNWAHRE ICH seinen Status in der Gesellschaft. Es misst seine eigene Wichtigkeit im ständigen Abgleich mit anderen ICHs, mit deren Möglichkeiten und Leistungen, wobei natürlich unaufhörlich bewertet wird, weil das die Natur des Vergleichs schlechthin ist. Ist der Kontrahent besser, dann gibt es für das neidische ICH zwei Möglichkeiten: entweder es wertet die Leistung des anderen ab und sich selbst damit automatisch wieder auf oder es wertet sich selbst ab, um wiederum in einer Depression bzw. Opferrolle entsprechend wichtig zum Ausdruck kommen zu können. Das Gefühl für einen guten oder schlechten Selbstwert entsteht also immer aus dem UNWAHREN ICH selbst heraus, aus dem Fazit seines eigenen Vergleichs.

Doch als UNWAHRES ICH bist du diesem Automatismus nicht völlig ausgeliefert, sondern du kannst etwas tun, nämlich aus diesem Selbstwert-Konzept aussteigen, indem du es ernsthaft und bis in die tiefste Tiefe hinein hinterfragst: „Ist es denn tatsächlich notwendig zu messen und zu vergleichen und was macht das mit dir? Was wäre, wenn du frei von Bewertung wärest? Wie würde es sich anfühlen, ohne Selbstwert zu sein? Was geschähe mit deinem Selbstbild? Welche Gefühle löst es in dir aus, frei von einem fiktiven Selbstwert zu sein?"

Nimm dir einen Moment Zeit und horche intensiv in dich hinein ..... .

Entsteht da ein Gefühl von Frieden und Ausgeglichenheit? Hat es jetzt den Anschein, als ob alle Menschen gleich wären? Kann es sein, dass du dir nun grundsätzlich viel weniger Gedanken über dich selbst machen würdest? Wäre da mehr Ruhe in deinem Kopf? Würde dich das entspannen und gelassener machen? Könntest du dich jetzt leichter annehmen wie du bist? Wärest du ehrlicher zu dir selbst, weil dir für Dinge, die nicht so gut gelaufen sind, jetzt eine „Ausrede" fehlt? Würde dich das mehr in die Selbstverantwortung führen und auf ganz natürliche Weise anregen, es das nächste Mal umsichtiger zu machen? Würde diese Ehrlichkeit dazu führen, WAHR zu werden?

Wenn du so mit dir umgehst und den Wegfall des Selbstwert-Konzeptes als Erleichterung und Befreiung fühlen kannst, dann bist du auf dem besten Weg in ein selbstverantwortliches Leben, das dem WAHREN ICH entspricht.

Wenn dir diese Aussicht jedoch Angst macht, steckst du noch in der „Opferrolle" des UNWAHREN ICH fest, was bedeutet, dass du (noch) dabei bist, Verantwortung auf andere zu projizieren. Ebenfalls wärest du augenscheinlich (noch) nicht bereit, auf Belohnungen zu verzichten, was auch für Lob gilt, nach dem das UNWAHRE ICH giert.

Solange du gelobt oder belohnt werden möchtest, solange bist du von einer scheinbaren Außenwelt abhängig, die die Illusion eines wichtigen UNWAHREN ICH aufrecht erhält.

angst

Dem UNWAHREN ICH wohnt die Angst inne, weil sie eine logische Folge seines Komplexes ist. Angst entsteht zum einen hauptsächlich dann, wenn die Zukunft involviert ist, wenn du dir also etwas vorstellst was noch nicht ist, was ja ständig passiert.

Die Unsicherheit des Nicht-Wissens, ob es so kommt wie du es dir wünschst oder nicht, ist für das UNWAHRE ICH kaum auszuhalten, weil es die Zukunft nicht kontrollieren kann. Da ist etwas, was du nicht greifen kannst, weil es nicht auszurechnen ist; es hat zu viele Variable, die du nicht beeinflussen kannst - ganz abgesehen davon, dass es die Zukunft gar nicht gibt, was bei Bewusstwerdung dessen Todesangst auslösen kann, weil es die gesamte illusionäre Basis der Ich-Konstruktion zerstört.

Damit kommen wir zur nächsten Ursache von Angst - Machtlosigkeit. Solange sich das UNWAHRE ICH in seiner Komfortzone aufhält ist alles gut. Es glaubt den Überblick zu haben und gaukelt sich absolute Sicherheit vor. Doch wenn es an den Rand seiner Möglichkeiten gedrängt wird, fängt es an zu straucheln. Vage Ängste kriechen an die Oberfläche und je mehr du versuchst, sie wieder wegzudrücken, desto vehementer wird der Gegenwind.

Das sind die Momente, in denen sich erste Schlafschwierigkeiten zeigen, Grübeleien beginnen und sich Unsicherheiten in Panikstörungen entladen wollen. Wenn dann die Angst vor der Angst entsteht, ist das UNWAHRE ICH nicht in der Lage die Chance seines Lebens zu ergreifen, denn die Angst bietet ihm im Grunde die Gelegenheit WAHR zu werden.

Angst bringt Wahrheit zutage, wenn du sie anschaust und nicht vor ihr flüchtest. Angst ist lediglich ein Signal, das dir zeigt, dass du gerade an eine (mentale) Grenze herangeführt wirst. Es ist der Moment, in dem etwas Neues in dein Leben kommt oder du vor Herausforderungen gestellt wirst, denen du bisher nie begegnet bist. In beiden Fällen liegen keine Erfahrungswerte vor, was bedeutet, dass du nichts aus deiner Erinnerung abrufen kannst. Der Griff geht ins Leere und Angst u.a. in Form von Adrenalin beginnt sich in jede Zelle auszuweiten.

Doch es gibt weder einen Grund zu kämpfen, noch zu flüchten. Es geht lediglich darum, diese Information nicht automatisch abzuweisen, sondern sie ganz genau anzuschauen. Da ist also etwas in dein Leben gekommen, das außerhalb deiner Kontrolle liegt, weil du es nicht kennst. Na und? Dann lernst du es eben kennen oder auch nicht. Ganz wie du willst. Es ist im Grunde egal was du damit machst, weil es einfach nur darum geht, das anzuerkennen, was dir die Angst in diesem Moment zeigen will: deine eigentliche Machtlosigkeit.

Das UNWAHRE ICH ist nun mal in letzter Konsequenz begrenzt und damit endlich. Aber es hat die Option, innerhalb seiner menschlichen Möglichkeiten zu „reifen", was Veränderung meint. Nichts muss so bleiben wie es ist innerhalb deines Rahmens. Du bist nicht deinen Konditionierungen ausgeliefert, die entweder massive innere Grenzen aufbauen, die es gar nicht gibt oder die dich glauben lassen, du wärest das Tollste, was dieses Leben je hervorgebracht hat.

Grenzen wahrzunehmen erfordert ernsthaftes Hinschauen, das Hinterfragen dieser Grenze auf Wirklichkeit oder Glauben. Es ist ein riesengroßer Unterschied, ob du als Organismus an deine Grenzen stößt oder als „Geisteskranker", dem man Grenzen „eingefräst" hat, die es gar nicht gibt.

Was die Grenzen anbetrifft, so gibt es noch die, die ich als „intrinsisch" bezeichnen möchte und die als

Ausdruck der Wahrheit immer zu sich selbst führen will. Sie verweist auf das WAHRE ICH, das hinter (vor, unter, über, zwischen, umfassend) allem steht, was das UNWAHRE ICH zu sein scheint. Aus dem religiösen Kontext magst du damit die Seele meinen oder das Atman, das im UNWAHREN ICH „rumort“ und auf Wahrheit verweisen möchte. Es entspricht im Wesentlichen dem Konzept der Intuition oder der „Inneren Stimme“.

Wie auch immer du es nennen magst, es ist schlussendlich das WAHRE ICH, das auf sich selbst verweisen will. Es nutzt die Sprache des Gefühls, die leise ist und nicht wirklich erklärt werden kann. Dieses Rumoren, das besonders gerne bei Entscheidungen auftaucht, fühlt sich nicht immer angenehm an, nämlich dann, wenn du dazu tendierst, gegen dich, also dein WAHRES ICH zu entscheiden. Das passiert dann, wenn du deine Entscheidung mit dem Kopf ergo dem Verstand triffst, weil man es dir so beigebracht hat. Es erhöht die Wahrscheinlichkeit um ein Vielfaches, dass du damit dein Leben lang an dir selbst vorbei leben wirst. Diese Entscheidungen machen dich eng und klein. Sie schieben eine Vorsicht vor, die für einen Fall gelten soll, der niemals eintreffen muss.

Deine Vernunft verschüttet deine Quelle der Freude und hindert deine Talente daran, sich in deinem Leben Ausdruck verschaffen zu können. Vielleicht entsteht zuerst ein gutes Gefühl in dir, weil alle Welt deine Entscheidung für richtig erklären wird, weil die anderen genauso funktionieren und Angst haben, ohne Netz und doppelten Boden zu leben. Aber mit der Zeit nimmt deine Freudlosigkeit zu, weil du spürst, dass du ganz weit weg von dir selbst (vom WAHREN ICH) bist.

Und wieder entsteht Angst, weil du zu ahnen beginnst, dass du etwas ändern musst. Dieser Punkt wird immer wieder und solange in dein Leben treten, bis du die Grenze, die sich dahinter verbirgt, mutig überschreitest und so dem WAHREN ICH Schritt für Schritt näher kommst. Alle Krisen sind Chancen und du bist auf dem besten Weg, wenn du dir selbst nichts anderes einredest.

Wenn du beginnst, nach deiner inneren Wahrnehmung zu entscheiden, du also das WAHRE ICH dabei spürst, tut sich ein Gefühl von Weite und Freiheit auf und es entsteht eine feste Gewissheit in dir, dass das, was du „gefühlt" entschieden hast, für dich richtig ist. Die Angst kann sich in ihr Gegenteil verwandeln: in Vertrauen deiner selbst! So wird die Angst zum Leitfaden deines Lebens, der dich zum WAHREN ICH führen kann, wenn du „an die Orte gehst, die du fürchtest".

Du kannst dauerhaft völlig frei von (psychischer) Angst sein, wenn du dich ihr stellst und die Wahrheit, die in ihr verborgen ist, entdeckst. Das bedeutet, dich selbst zu durchleuchten, offen, ehrlich, ohne Einschränkung oder Beschönigung - der eigenen Illusion (dem UNWAHREN ICH) ins Gesicht schauen, erbarmungslos und ohne Ausflüchte.

Das hört sich hart an, radikal und kompromisslos - und das ist es auch. Aber es ist notwendig, weil alles andere Makulatur des UNWAHREN ICH ist. Es gibt keine Zeit und du bist endlich! Das Erste bedeutet, dass du nichts werden kannst, was du nicht schon bist und das Zweite bedeutet, dass dieser Organismus (UNWAHRES ICH) einer Grenze unterliegt, die du als Mensch nicht überschreiten kannst. Wenn du beides ohne inneren Widerstand annehmen kannst, wirst du geistige Grenzen überwinden und das UNWAHRE kann WAHR werden!

bewusstsein | bewusstheit

Was Bewusstsein tatsächlich ist, weiß niemand *wirklich ganz genau*. Verschiedenste Disziplinen aus Forschung und Wissenschaft liefern Beschreibungen, die jedoch (noch) nicht zu einem einheitlichen Ergebnis führen. Grundsätzlich stammt die Bezeichnung aus der Übersetzung des lateinischen „conscientia", was ursprünglich eher Gewissen bedeutet hat und sich diesbezüglich im religiösen Einfluss teilweise in den Bedeutungen von „Geist" und „Seele" zeigt. Aus dem Altgriechischen als „Miterscheinung", „Mitwissen", „Mitwahrnehmung", „Mitempfindung", „bei Sinnen sein" und „Denken" übersetzt, wird es allgemein im weitesten Sinn als das Erleben mentaler Zustände und Prozesse verstanden.

Wenn in diesem Buch von der Tatsache ausgegangen wird, dass das ICH der Spiegel des Bewusstseins ist, dann bedeutet das, dass alles was das ICH BIN denkt, empfindet, tut und in verschiedener Weise zum Ausdruck bringt nicht nur dem Bewusstsein entstammt, sondern das Bewusstsein *ist*.

Einfacher gesagt würde das heißen: „Das Bewusstsein ist das was du denkst und fühlst." Es ist demnach alles, was in deinem Geist vor sich geht, wobei die Bezeichnung „Geist" als Synonym betrachtet werden kann. Es ist quasi dein „Inhalt" – du bist Bewusstsein.

Ob das Bewusstsein die vielerorts diskutierten Grade, Ebenen, Höhen oder Tiefen kennt und ob es etwas Übergeordnetes und/oder Intrinsisches ist, ist im Grunde nicht wirklich wichtig, weil es schlussendlich auf EINES herauskommt.

Was hier erklärt wird, sind verschiedene Bewusstseinszustände, die sich im Prozess des Mensch-Seins bzw. seiner Transzendenz zeigen und absolut wertfrei zu betrachten sind. Sie beschreiben gewissermaßen chronologisch *„den Weg"*, von dem in allen Theorien, die in irgendeiner Weise mit der menschlichen Selbsterkenntnis zu tun haben, gesprochen wird.

Es ist wahrscheinlich, dass du, wenn du als Menschlein geboren wirst, weder Bewusstsein bist noch Bewusstheit besitzt, weil sich dein abhängiger winziger Organismus noch nicht individualisiert bzw. identifiziert hat. Das Gewahrsein (was Ganzheit ist) ist da, die subtilste Art von Leben, die als intrinsische (Sinn-lose) Wahrnehmung bezeichnet werden kann.

Dieser „reinste" Zustand entspricht dem transzendierten Bewusstsein, den ich hier „Überbewusstheit/Gewahrsein" nenne und in dem du dich als Mensch wieder findest, wenn du am Ende deines Weges bzw. Mensch-Seins angekommen bist.

BewusstSEIN ist grundsätzlich nicht gleichzusetzen mit BewusstHEIT. Während das Bewusstsein etwas ist das arbeitet, wirkt und damit einem Zweck dient (dein täglich Brot), ist die Bewusstheit quasi das Ergebnis dieser Arbeit. Gemeint ist die Selbsterkenntnis, das Ziel allen Lebens, das über das Mensch-Sein hinaus verweist, wenn es in seinem tiefsten Sinn durchschaut wird.

Bewusstsein will sich seiner selbst bewusst werden, was nicht zu verwechseln ist mit dem Selbstbewusstsein, das allgemein als Synonym für Charakterstärke oder Selbstsicherheit gilt, was dem Wort nach nicht wirklich stimmig ist. Weil die Bezeichnung des Selbstbewusstseins jedoch nicht wirklich hinterfragt wird, bleibt sie leider auch unreflektiert und damit fälschlich im fachlichen Sprachgebrauch von Therapeuten und Coaches.

Bewusstsein als das menschliche Sein kennt die (unbewusste) Aufgabe, verschiedene Zustände zu durchlaufen, um schlussendlich wieder da anzukommen, wo alles begann.

Durch Konditionierung wird das Kleinkind aus dem natürlichen Gewahrsein der Ganzheit heraus in seine Identifikation „gezwungen". Das ist wohl ein normaler Prozess, der im menschlichen oder/und gesellschaftlichen Dasein stattfindet. Doch je mehr sich das Kleinkind als scheinbare Einzelperson wahrnimmt, desto mehr wird sein reiner, unkonditionierter Zustand, das WAHRE ICH der GANZHEIT „verdeckt". Das Kind wird durch diesen trennenden Konditionierungsprozess zu etwas gemacht (Bewusstsein identifiziert sich) was es nicht wirklich ist: zum UNWAHREN ICH, das robotergleich eine Welt erkundet, die genauso UNWAHR ist wie es selbst. Sie erscheint gut und böse, hell und dunkel, groß und klein; alles in ihr wird analysiert, bewertet und für gut oder schlecht befunden. Es ist die Hölle, die als Leben bezeichnet wird, das man hat aber nicht ist.

Im konditionierten Zustand liegst du einem Automatismus zugrunde der gewöhnlich nicht hinterfragt wird (Unbewusstheit). Es ist so wie man dir beigebracht hat, basta. Es muss wahr sein, weil es die anderen genauso machen. Und deshalb sind die wenigen, die es nicht so machen, falsch und müssen ausgegrenzt oder bekämpft werden.

Du bist der Überzeugung zu agieren, obwohl du nur marionettengleich deinem Programm folgst, das lediglich reagiert. Im Grunde bist du ein „eingebildeter Niemand", der sich mit einem scheinbaren Eigenwillen wichtig macht und doch immer wieder an seiner eigenen Hilflosigkeit scheitert, wenn er an seine konditionierten Grenzen kommt.

Unbewusstheit ist das Stadium des unreflektierten Kindes, das noch keine Verantwortung tragen kann und deshalb immer die anderen schuldig spricht. Unbewusstheit ist das Schlimmste, was dir passieren kann, weil sie dich zum Deppen macht. Du bleibst als Kind in letzter Konsequenz immer das Opfer, das sich eine Autorität wünscht, die ihm sagt, was es tun und wie es entscheiden soll. Gleichzeitig wird diese Autorität natürlich abgelehnt, weil du dich nach der Freiheit eines erwachsenen (selbstverantwortlichen) Lebens sehnst und unabhängig sein willst. So lebst du einen ewigen Konflikt verdeckter Unehrlichkeit und Heuchelei, solange du die Mühen der Reflektion deines eigenen Denkens und Handelns scheust.

Erwachsensein bedeutet Verantwortung zu tragen für alles was du bist, tust und empfindest. Möglich, dass dir das auf den ersten Blick anstrengender erscheint, als das einfache Projizieren und Schuldzuweisen, doch nur Selbstverantwortung kann dich aus der Abhängigkeit befreien, die du durch Projektion erschaffst.

Die Unbewusstheit drückt also einen kindlichen Zustand aus, der nichts mit dem tatsächlichen Alter einer Person zu tun hat. In jeder Altersklasse findest du Kind-Menschen, die sich im Erwachsenen-Kostüm präsentieren. Sie sind in jeder sozialen Schicht zuhause und können namhafte Erfolge und einen hohen Status erreicht haben und doch innerlich jämmerlich klein, hilflos und abhängig sein.

Unbewusst bist du, wenn du nichts von dem hinterfragst was dich ausmacht, wenn du die Welt so nimmst, wie man sie dir als Kind beigebracht hat. Du lebst deine Konditionierung, ohne sie auf Stimmigkeit zu überprüfen. Das hat etwas Roboterhaftes, Automatisches. Du folgst quasi deinem Programm, funktionierst auf der Basis deiner Software und gehst den Mustern und Gleichungen nach, die darin enthalten sind.

Das kann jahrelang oder sogar dein ganzes Leben lang gut gehen, wenn du dich darin wohl fühlst. Es gibt genügend Leute, die gerne von anderen (bzw. der eigenen Konditionierung) dirigiert werden und die sich freiwillig Autoritäten unterstellen. Wenn es dir gefällt, spricht nichts dagegen, es so zu belassen. Ein Wechsel in den Zustand von Bewusstheit ist nur dann ratsam, wenn dir nicht gefällt, was du lebst, wenn du deine Abhängigkeit spürst, wenn du innerlich weißt, dass du alleine nichts auf die Reihe kriegst oder wenn du irgendwie spürst, dass das nicht das ist, was du wirklich leben willst. Wenn solche Krisen in dir auftauchen, ist das ein gutes Zeichen. Sobald du dann anfängst, diese Gefühle zu hinterfragen, kann Bewusstheit eintreten.

Bewusstheit bedeutet also, dich selbst zu kennen, weil du alles hinterfragt hast, was dein UNWAHRES ICH ausmacht. Manchmal geschieht das in Therapien oder Coachings, oftmals initiiert durch Krisen. Das bezieht sich erstmal hauptsächlich auf deinen „psychischen Inhalt", weil auf ihm dein Verhalten basiert. Im Grunde ist es dein Konditionierungsprogramm mitsamt seinen Überzeugungen, Mustern, Glaubenssätzen und Erwartungen nach denen du agierst. Die Reflektion löst diese Programme automatisch auf, wenn du sie bis in die letzte Wahrheit hinein ehrlich angeschaut hast - vor allen Dingen die Muster, die dir unangenehm sind weil sie deine persönlichen Schatten aufzeigen, die du ganz tief in deinem Unterbewusstsein vergraben hast. Dort leben auch schmerzhafte Erinnerungen und Gefühle, die du verdrängt hast, die aber gesehen werden müssen, damit sie sich ebenfalls auflösen können.

Als „Person" löst du dich so aus deiner egozentrischen Gefangenschaft, die in der Unbewusstheit erbarmungslos gelebt wird. Du verstehst durch die Reflektion, dass du zwar durch deine Konditionierung in die Irre geführt oder/und verletzt wurdest, spürst aber immer deutlicher, dass du *jetzt,* nachdem du dir der Mechanismen bewusst bist, frei davon wirst. Erwachsen-Werden bedeutet demnach zu erkennen, dass du entscheiden kannst, es anders zu machen und dass du selbst für diese Veränderung verantwortlich bist.

Hier lohnt es sich, einen kurzen Blick auf die Aussagen von Bruce Lipton zu werfen, der schon seit Jahren darauf hinweist, dass du (wenn du dir dessen bewusst bist) sogar auf deine DNA Einfluss nehmen kannst, was noch vor einiger Zeit (oder immer noch) als unmöglich negiert wurde.

Dieser Punkt der Selbstverantwortung ist enorm wichtig und alles entscheidend für das Verlassen einer traumatisierten Welt, die sich fortwährend im Krieg befindet, weil sie immer die anderen schuldig spricht. Niemand im Außen hat *wirklich* Einfluss auf das was du denkst, fühlst und tust wenn du eigenverantwortlich bleibst.

Nachdem du dir ehrlich deine Schatten angesehen hast, kann es keine Schuldigen mehr geben. Egozentrik wird überwunden, weil es nichts mehr zu beschützen (Lügen) oder abzulehnen (Wahrheit) gibt. Die Reflektion macht dich offen für das Schicksal der anderen, weil es auch dein eigenes ist. Du erkennst, dass ein friedliches Leben nur dann sein kann, wenn du dich als Teil vom Ganzen siehst, als etwas das sich nicht vom anderen unterscheidet.

Das bedeutet nicht, dass du dich ab sofort dem Glück anderer widmen oder sozial dienen musst oder Konflikten aus dem Weg gehen sollst. Es bedeutet im Gegenteil, dass weil du weißt, dass du allein nur für dich selbst verantwortlich bist, es der andere für sich selbst ebenfalls ist. Das befreit dich aus einengenden Verantwortlichkeiten für andere, die dir eine falsche Moral beigebracht hat.

Du spürst, dass du ganz frei das leben darfst, was dich ausmacht und weil du weißt, dass der andere dies auch darf, stehst du ihm weder im Weg noch hast du Erwartungen an ihn. Dieser gesamte Konfliktstoff löst sich auf, wenn du dich als integralen Bestandteil des Ganzen siehst, in dem jeder sein WAHRES ICH leben darf und soll. Mitgefühl, Aufmerksamkeit und Toleranz entstehen dabei ganz natürlich und bilden den Boden für innere Zufriedenheit und damit äußeren Frieden.

transzendenz

Unbewusstheit und Bewusstheit sind Zustände innerhalb einer scheinbaren Person, also im Kontext des UNWAHREN ICH. In der ÜBERbewusstheit zu sein bedeutet, diesen Kontext verlassen zu haben. Es fühlt sich an wie das Abstreifen der Persönlichkeit durch den Wegfall eines scheinbar eigenen Willens (Ego). Im Gegensatz zum integralen Zustand, in dem du dich zwar als Teil der Ganzheit siehst, dich aber gefühlt immer noch in der Trennung von ihr befindest, bedeutet es außerhalb dieses Kontextes zu sein, nicht nur *im* WAHREN ICH zu sein, sondern gleichfalls *das* WAHRE ICH zu sein.

Das UNWAHRE ICH wird/ist WAHR, wenn es sich selbst erkannt hat. Es ist das Phänomen, das viele große Denker, Philosophen und Heilige beschreiben. Es ist das was die Wissenschaft sucht, aber nicht finden kann, weil es nichts Materielles ist und den Verstand übersteigt.

Selbsterkenntnis endet nicht im Selbst-Bewusstsein, weil dieses Selbst, dessen du dir bewusst wirst, immer noch UNWAHR, also eine Person, eine Identifizierung ist. Bewusstheit über deine ICH-

Persönlichkeit erhältst du, wenn du dich psychisch durchleuchtet hast, wenn du weißt, wodurch deine Muster entstanden sind, wie du konditioniert und organisiert bist. Die „kleinen Wahrheiten" betreffen die Person, das Ego, das UNWAHRE ICH. Dein Psychogramm ist deine Rolle, die du in diesem Leben spielst, das Script deiner Persona, die Maske der Konditionierung, die das WAHRE ICH trägt, um in diesem Lebenstheater mitspielen zu können. Innerhalb dieses ICH-Kontextes kannst du selbstbewusst und erwachsen sein, aber du bist immer noch UNWAHR. Der Weg geht weiter - wenn du willst.

Die Inschrift des „Erkenne dich selbst" am Apollotempel von Delphi verweist nicht nur auf das UNWAHRE ICH (Ego), sondern auf das was über es hinaus geht. Der Satz wurde von verschiedenen Philosophen interpretiert, wobei von der Begrenztheit des Menschen gesprochen wurde, von seiner Überschätzung, womit zur Bescheidenheit angeregt werden wollte. Auch die Folgerung, dass der Mensch in Übereinstimmung mit der Natur leben und sich in den Naturzusammenhang einordnen solle, wurde ausgesprochen. Für Platon stand der Aspekt im Vordergrund, dass der Mensch Wissen über das eigene Nicht-Wissen erlangen solle, was wiederum auf die bereits genannte Begrenztheit aufmerksam macht.

Und was bedeutet eine Grenze, wenn nicht die Möglichkeit, sie vielleicht überschreiten zu können? Das im 4. Jahrhundert v. Chr. Platon zugeschriebene anthropologische Konzept der Selbsterkenntnis der Seele besagt, dass der Mensch sich als das erkennen soll, was er sei, nämlich eine den Körper bewohnende und gebrauchende unsterbliche und gottähnliche Seele.

Die Wahrheit ist, dass du das bist, was als kleines unwissendes und begrenztes Menschlein in dieser phantastischen Welt lebt und dass du gleichfalls das bist, das alles das was du als dieses Menschlein siehst, selbst erschaffen hat (die geistige wie materielle Welt).

Das berühmte Zitat des englischen Schriftstellers John Donne – „no man is an island, entire of itself ..." -, das der Autor Johannes Mario Simmel mit „Niemand ist eine Insel" zum deutschen Buchtitel übersetzt hat, ist in allerletzter Konsequenz leider falsch. John Donne war es offensichtlich nicht vergönnt, die Grenze zu übertreten.

Was er mit diesem Zitat beschrieben hat, ist der Zustand des erwachsenen UNWAHREN ICH, das sich als Teil der Ganzheit sieht. Es ist nicht falsch an sich, weil du ja tatsächlich innerhalb des integralen Ego-Kontextes ein Teil der Welt bist in der du lebst. Aber genau das ist der springende Punkt: Du lebst als Ego-Person *in* einer Welt, die du (unbewusst) geistig selbst erschaffen hast. Du befindest dich also mit deiner Rolle identifiziert (unbewusst) noch *im* Film und kannst ihn nicht gleichzeitig (bewusst) von außen betrachten, also dir selbst zusehen. Du steckst in deiner Rolle, die du zwar verantwortungsbewusst als Erwachsener spielst, weil du als Teil vom Ganzen Allem empathisch begegnest, doch du hast in diesem Stadium noch nicht erkannt, dass du selbst der Regisseur deines Films bist.

Das Ganze klingt jetzt ein wenig undurchschaubar, schwierig und vielleicht sogar ein wenig unheimlich und mystisch. Doch es gibt einen ganz einfachen Weg heraus aus diesem schemenhaften Komplex. Tatsächlich erscheint Unklarheit neblig. Sie fühlt sich an wie eine diffuse morgendliche Auen-Landschaft und das anrührende zaghafte Licht der Sonne, das durch Dunst und Nebel bricht, erscheint wie aufziehende Klarheit, die den Nebel der Unwissenheit durchdringt.

Nichts anderes als Wahrheit schafft Klarheit und sie führt dich automatisch über dich selbst hinaus, wenn du das was du scheinbar bist über die menschliche Grenze hinaus hinterfragst. Lebst du in dieser Welt oder erschaffst du sie jeden Tag neu, wenn du deine Augen aufschlägst und Bewusstsein aktiv wird? Was ist wirklich wahr an dem was du zu sein scheinst? Wenn du zuvor *deine* Person hinterfragt hast, so hinterfragst du jetzt das, was *diese* Person überhaupt möglich macht.

Nicht jeder möchte aus seinem Lebensdrama aussteigen, denn die Welt hat ja auch ihr Gutes, weil sie eben nicht nur schlecht ist. Die Welt, *in* der du als Mensch lebst, ist vordergründig bipolar und es liegt an dir, in welche Richtung du schaust oder ob du sogar darüber hinaus die Neutralität in allem erkennst. Wenn du beginnst, genau das zu sehen, kannst du über dich hinaus wachsen, die Grenze überschreiten und zum bewussten Schöpfer werden.

Wenn ich sage „DU", dann meine ich damit nicht das UNWAHRE kleine EGO-ICH, sondern das WAHRE ICH, das sich dann zeigt, wenn sich die Unwahrheit, die du „vordergründig" bist und lebst, aufgelöst hat, weil sich Bewusstsein bewusst wurde.

Als Bewusstsein, das du als Mensch bist, bist du quasi „dein eigenes Mittel zum Zweck". Wenn du als Bewusstsein „dein" Bewusstsein hinterfragst, wirst du zum Beobachter deiner „selbstgebastelten" Welt. Du gehst auf diese Weise automatisch in die Distanz zu deinem UNWAHREN ICH und betrachtest es mit einem gewissen Abstand. So wird es leichter für dich, dich aus den illusionären Fesseln der Konditionierung zu befreien, die das Bewusstsein (WAHRE ICH) in der scheinbaren Person und seiner Welt gefangen halten.

Die Wahrheit führt dich über deine Egozentrik hinaus. Das ist die Befreiung nach der du dich zeitlebens sehnst und die dann geschieht, wenn dir mehr und mehr bewusst wird, was du wirklich bist und dass nichts in deiner Welt wirklich wahr sein kann. Und damit ist nicht das Universum als solches gemeint, sondern dass, was der Mensch daraus macht: ein Konzept, das jeder Wahrheit entbehrt.

Du kannst Wahrheit weder sehen, noch riechen, schmecken, hören oder tasten ... du kannst Wahrheit nur wahrnehmen – das Gewahrsein in dir!

jeder ist eine insel

Wenn sich deine Konditionierung auflöst, bleibt nichts als die Wahrheit und die ist, dass JEDER EINE INSEL IST – und weil „Jeder" die GANZHEIT ist, gibt es nur diese eine Insel des „ICH BIN"! Wenn du erkannt hast, dass nichts von dem, was du geglaubt hast zu sein, wirklich stimmt, fällt das ganze Drama in sich zusammen und übrig bleibst du und zwar als der alleinige Erschaffer desselben. Es gibt keine Außenwelt, die nicht deine eigene Schöpfung ist, weil sie nur deiner Vorstellung entspringen kann. JEDER lebt nur in SEINER EIGENEN WELT, die er sich selbst erschafft. Das hat nichts Mystisches an sich, es ist die einzige Wahrheit, die es gibt und sie ist überhaupt nicht schwer zu verstehen.

Wenn du durch das „Warum" hindurch bist, bist du fertig mit der Person. Es gibt dann nichts mehr zu fragen, weil niemand mehr irgendetwas wissen will. Du hast durchschaut, dass du für alles selbst verantwortlich bist, was in deinem Lebensraum geschieht, egal ob du dir dessen bewusst sein kannst oder ob es außerhalb deiner menschlichen Wahrnehmung liegt.

Sobald du erkannt hast, dass die gesamte Konditionierung, die deine Eltern, dein gesamtes Umfeld, ja die ganze Welt in dich hinein geprägt haben, nichts anderes als Schall und Rauch ist, hast du sie durchbrochen.

Es gibt nichts in dieser phänomenalen Welt, das wirklich wahr ist. Jede Annahme und jede Theorie ist solange Unwahrheit, bis Wahrheit sie bestätigt und da diese Bestätigung niemals kommt – zumindest nicht innerhalb des Menschenlebens -, kann alles was man dir beigebracht hat nur ein Netz aus Lügen sein. Alles was die Gesellschaft geschaffen hat, sind Systeme, die Kontrolle und Macht ausüben wollen. Durch Moral, Gesetz sowie auch Kultur werden Unterschiede geschaffen, die es gar nicht gibt.

Alles Menschengeschaffene ist künstlich, ein Produkt der menschlichen Verstandes-Intelligenz, die unvollkommen, mangelhaft und begrenzt ist. Es ist logisch, dass aus einem fehlerhaften Programm nichts wirklich Gutes bzw. Richtiges entstehen kann. Aber auf dieser Software läuft das menschliche Denken bzw. die gesamte Menschenordnung!

Du weißt jetzt, weshalb du unglücklich und unzufrieden bist. Es hat nichts mit dir (WAHRES ICH) zu tun, sondern mit dem Programm, mit dem man dich zum UNWAHREN ICH gemacht hat.

Wenn du also all das durchschaut hast, dann weißt du, dass du eine Insel bist, das *alleinige* „ICH BIN“, das *seine* Welt erkundet, die es tagtäglich selbst erschafft. Da ist nichts mehr in einem fiktiven „Außen“, das für dich verantwortlich ist oder dem du Schuld zuweisen könntest. Eine scheinbare Außenwelt ist wohl da, die Mitspieler in deinem Theaterstück, doch es gibt sie nur, weil du sie zu dem machst, was sie dann sind, indem du sie (durch deine Unterstellungen und Vorurteile oder Vorlieben) in deinen Lebensraum holst.

Sich als das WAHRE ICH zu erkennen heißt zu wissen, dass du das ALLEINIGE ICH BIN bist, auch wenn dir in deinem Menschsein verborgen bleibt, was genau das wirklich bedeutet. Doch das Wunderbare ist, dass das WAHRE ICH nichts wissen muss, weil es mit oder ohne Wissen immer das bleibt, was es ist. So kannst du an der Oberfläche deines Seins (Lebenssituation) Dinge verändern, doch was auch immer dort geschieht, kann das WAHRE ICH in der Tiefe des Ozeans nicht verändern, weil der Tanz der Wellen es nicht wirklich berühren kann.

Wenn du eine Insel bist, lebst du intrinsisch, also in dir und aus dir heraus. Du stattest dem Festland Besuche ab, doch du gehst immer wieder zurück auf deine Insel. Im Grunde verlässt du sie nie. Es ist eher so, als ob du einen interaktiven Fernseher auf dieser Insel hättest, in den du dich einschalten und mitspielen kannst wenn du willst. Das Leben schreibt die besten Soaps und die spannendsten Filme laufen sowieso in deinem Inneren ab. Du kannst dir nicht vorstellen, wie reich das Leben wird, wenn du nach Innen schaust.

Der Blick nach Innen braucht keine Sinne, weil das Gewahrsein sie übersteigt. Die Sinne sind dazu da, die scheinbare Außenwelt zu sehen, zu fühlen, zu hören, zu riechen und zu schmecken. Sie machen das Leben bunt, so lange du die Welt mit ihnen erkundest. Du kannst wunderbare Erfahrungen mit deinen Sinnen machen, die dich Glück fühlen lassen, doch immer nur für einen Moment, eine begrenzte Zeit.

Sinne halten das UNWAHRE aufrecht, sie bedienen seine Bedürfnisse und erfüllen seine Wünsche. Sie sind auf Haben-Wollen ausgerichtet und schaffen Abhängigkeiten, wenn du ihnen „verfallen" bist, was im kindlichen Stadium des UNWAHREN ICH Tatsache ist.

Nichts gegen die Sinne und die schönen Erlebnisse, die sie erschaffen, doch sie sind unvergleichbar mit der Glückseligkeit, die aus dir zu fließen scheint, wenn du den Weg zu Ende gehst und dort ankommst, wo du als Mensch begonnen hast ... bei dir, dem WAHREN ICH.

Zeitlebens suchst du das, was du eigentlich bist und willst an den Ort zurück, den du nie verlassen hast. Du bist das ICH, das ALLES ist.

Wenn du als Insel lebst, trägt dich Glückseligkeit, die wie der Strand nicht vom Meer zu trennen ist. Dein Handeln ist zweifelsfrei, weil es spontan aus dem Inneren heraus geschieht und nicht bewertet wird. Du bist dir *immer* bewusst was du tust; du bist online, weil du Bewusstheit bist.

Du bist nicht verschieden vom Rest der Welt; weder von dem was durch die Sinne gesehen, noch was nicht gesehen werden kann. Du weißt jede Sekunde warum etwas geschieht - Angenehmes wie Unangenehmes. Vorlieben bleiben, weil du ja Mensch bist, der aufgrund seiner Anlage verschiedene Neigungen hat, doch weder brauchst du, noch willst du etwas. Du lebst zeitlos, auch wenn du dem Rhythmus von Tag und Nacht folgst wie jeder andere auch; was solltest du auch sonst tun?

Egal in welcher Bewusstheit du lebst, dein Lebens(t)raum ist diese Welt. Sie ist da aus menschlicher Betrachtung und du erschaffst sie aus göttlicher Betrachtung. Wenn du beides zusammen bringst, lebst du im wahren JETZT – also *in dem was IST. Ein Zustand, der so ist wie er ist, ohne dass es jemanden gibt, der ihn annehmen müsste. JETZT ist kein Moment, sondern das was ewig und einzig IST!*

outro

Die Wahrheit kann Angst machen und die Wahrheit kann befreien, je nachdem, mit wessen Augen du schaust. Ist es das UNWAHRE kleine ICH, das versucht die illusionäre Kontrolle über sein Märchenreich zu bewahren oder schaut da das, was das Schauen möglich macht? Wenn du Ersteres wählst, bleibst du in deinem egozentrischen Raum, den du glaubst gegen andere verteidigen und schützen zu müssen. Wählst du das WAHRE und einzige ICH, verschwinden die psychischen Grenzen und damit die Angst. Es gibt weder etwas zu verteidigen, noch etwas zu beschützen, weil alles was du siehst zu dir gehört.

Dieses Büchlein hat dir gezeigt, wie du deine Welt erschaffst und du weißt jetzt, dass du sie ganz leicht verändern kannst, wenn du das möchtest, denn DU bist der alleinige Gestalter *deiner* Welt!

Die „Deterministen" schließen eine „freie Wahl" des Menschen aus. Das wird aber leider oft missverstanden. Zurück bleibt ein Mensch, der sich seiner Selbstverantwortung mit gutem Gewissen entzieht, denn es ist ihm ja bestimmt, so zu handeln, wie er handelt.

Schopenhauer hat diesen „wunden Punkt" jedes (spirituellen, philosophischen, religiösen) Konzeptes gut auf den Punkt gebracht mit seiner These, die ich an dieser Stelle noch einmal wiederholen möchte: „Der Mensch kann zwar nicht wollen was er will, aber er kann tun was er will", so ähnlich seine Formulierung.

Das bedeutet, dass das, was du willst, in dir angelegt ist und deinem „Programm" entspricht. Das sind Vorlieben, Abneigungen und Talente usw. Du kannst also nur das wollen, was aus dir heraus, quasi aus deinen Denkprozessen und Gefühlen entsteht und im Ursprung auch deiner DNA entspricht. Gedanken, die außerhalb deines Denkschemas liegen, sind dir nicht bewusst und fremd und werden dir nur dann zugänglich, wenn du bereit bist, dich anderen Meinungen zu öffnen. In diese Sinne bist du in deiner menschlichen Form auf deinen „Inhalt" begrenzt.

Wenn du aber die Entscheidungen deines Lebens rückwirkend noch einmal näher betrachtest und sehr bewusst und ehrlich Revue passieren lässt, dann wirst du feststellen, dass es da immer ein „Ja" oder „Nein" gab, vielleicht versteckt in „Für" und „Wider" oder „Vorteil" und „Nachteil". Und du wirst weiter feststellen, dass du in manchen Situationen heute anders entscheiden würdest als du es damals tatest.

Das bedeutet, dass zumindest dein Programm eine Wahl hat und dass Veränderung in jedem Menschen stattfinden *kann*, wenn du dir dessen bewusst wirst und beginnst Verantwortung für deinen „Inhalt" zu übernehmen. Nichts also ist statisch, das siehst du jeden Morgen, wenn du in deinen Spiegel schaust.

Und weil diese Wahrheit so entscheidend ist, hier noch einmal der Verweis auf Bruce Lipton und sein Werk „Intelligente Zellen". Diese sensationelle Wahrheit wird nicht jeder in sein Bewusstsein aufsteigen lassen, weil sie selbstverantwortlich macht. Doch sie zeigt dir, der du auf dem Weg bist, dein WAHRES ICH zu leben, dass du alle Möglichkeiten hast, das aus dir herauszuholen, was du innerlich spürst. Und dieses „Innere Spüren", diese Sehnsucht, zieht dich hinein in das Einzige was tatsächlich existiert und was du wirklich bist.

Und wenn du dir all dessen bewusst bist, wenn du absolut weißt, dass das geschieht, was du „wahrhaftig" willst, dann können das nur Entscheidungen sein, die Allem dienen, weil du Alles bist. Das WAHRE bleibt das was es immer war und ist, das UNWAHRE verändert sich.

So könnte der Sinn deiner Inkarnation darin liegen, dich daran zu erinnern, dass du das WAHRE ICH bist und dabei ist es schlussendlich völlig egal, ob oder in welcher Form du determiniert bist oder eine Wahl hast. Du wirst niemals in der Lage sein, die vollständige Wahrheit zu erfahren, weil deine menschliche Form begrenzt ist und weil Wahrheit nicht erfahren werden kann sondern IST.

Doch eines ist sicher:

Das WAHRE ICH ist grenzenlos und wenn du das WAHRE ICH BIST, wenn also Selbsterkenntnis stattgefunden hat, dann kannst du diese Grenzenlosigkeit in dir spüren und sie macht dir Mut, das zu leben, was aus dir heraus entspringt ... und es kann nur selbstverantwortlich geschehen, weil du der Schöpfer deiner Welt bist.

D A N K E

www.martina-kern.com

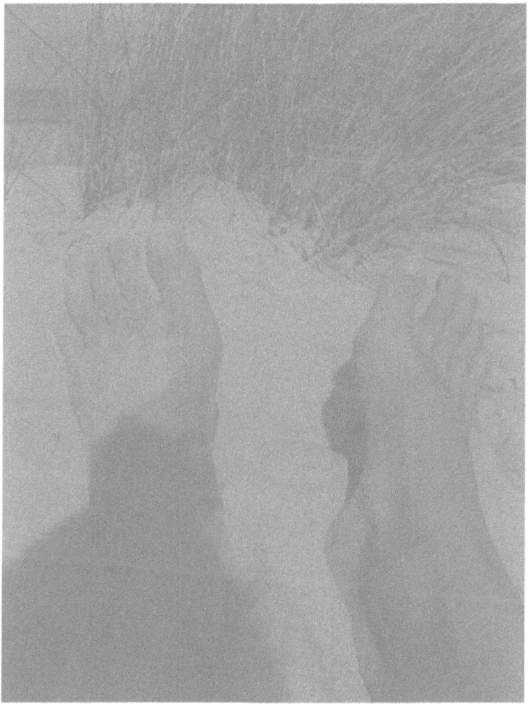

Bereits erschienene Taschenbücher
(auch unter INA KERN)
siehe nächste Seiten

Zu bestellen bei tao.de und überall
im Internet- und Buchhandel

Durch ihre psychologische Arbeit mit vielen hilfesuchenden Menschen und aus ihrer spirituellen Einsicht wurde es für Ina Kern immer offensichtlicher, dass das Thema „Selbstwertgefühl" Ursache vieler Probleme ist und den Menschen in seiner „Opferrolle" hält.

Sie erkannte, dass ohne Selbstwert-Sein, sich das Leben leichter und freier gestaltet und die Konflikte mit dem Umfeld und sich selbst verschwinden.

Ein paradoxer Ansatz, der umso mehr wirksam ist, als alles andere, was bisher in Psychotherapien und Selbsthilfebüchern angeboten wird.

Dieses Buch ist kein weiterer Ratgeber „gegen" die Angst, sondern stellt deren Aspekte im konstruktiven Sinne dar. Der Autorin ist es wichtig, dass du erkennst, dass die Angst dich befreien kann; aus der Enge deiner Gedanken über dich selbst, deiner Möglichkeiten und deiner Welt. Angst kann zu deinem Leitfaden werden und deinen Lebensraum erweitern: „Stelle dich deiner Angst. Wenn du durch sie hindurch gehst, entsteht Freiheit – alles ist möglich!" Ina Kern stellt die verschiedenen Gesichter der Angst vor, deren Projektionen und Ursachen und zeigt auf, wie du dich aus ihr befreien und heilen kannst.

Ina Kern versucht in diesem Buch den Spagat zwischen rationalem Verstandesdenken und spiritueller Weisheit. Sie zeigt dir einen Weg heraus aus der Problemwelt des egozentrischen Paradigma 2 hinein in das neutrale Paradigma 1 und macht deutlich, dass du alle Möglichkeiten hast, deine Probleme im Nichts verschwinden zu lassen, wenn du die grundsätzliche Ursache aller Probleme erkannt hast. Das Buch leitet in seinem zweiten Teil auf über 170 Seiten durch psychologisch-spirituell fundierte Antworten zu Themen wie Beziehung, Selbstwert, Loslassen, Vergebung, Sinn, Sein und Erleuchtung aus der Theorie über in die Praxis eines bewussten Lebens.

Solange du dein Glück in Bestellungen beim Universum
suchst, hast du dich noch nicht gefunden.
Deinem SoSein fehlt nichts,
es ist wunschlos glücklich.
Doch du spürst es nicht, weil du im Außen suchst.
Jeder einzelne Wunsch ist letztlich „Haben-Wollen"
Und so lange du das nicht wahrhaben willst,
bleibt Abhängigkeit bestehen.
Du musst dir kein Glück wünschen, weil es schon da ist,
du kannst es nur noch nicht erkennen.

Ein kleines Buch über Ego, Gier, Abhängigkeit, Wahrheit,
Sehnsucht, SoSein, Selbstverantwortung,
Bewusstsein ... und Glück!

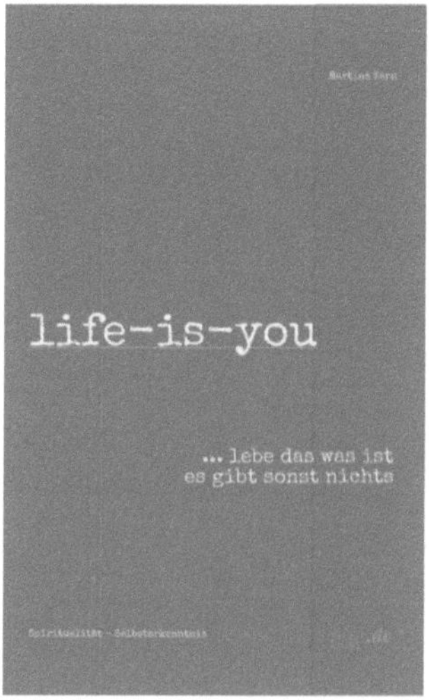

Ein unbewusstes Leben, das sein wahres SoSein verschleiert, kann nur Leid verursachen. Wenn du deine Egozentrik überschreiten und ein befreites Leben leben willst, kannst du durch Schattenarbeit und Dekonditionierung dein reines SoSein wieder zum Vorschein bringen. Um dich selbst zu erkennen, brauchst du weder in ferne Länder reisen, noch angestrengt Stille üben. Selbsterkenntnis geschieht durch BewusstSein. Basis des bewussten Seins ist Wahrheit. Sie ist der Schlüssel zu deinem Schloss. Du erkennst, dass du „Alles im EINEN" bist.

Im zweiten Teil des Büchleins findest du eine wahre Geschichte vom „Suchen und Finden".